不闪躲：好妈妈这样教孩子直面生命和死亡

WHY DID YOU DIE

[美] 艾瑞卡·吕温伯格　著
陈　超　译

辽海出版社

图书在版编目（CIP）数据

不闪躲：好妈妈这样教孩子直面生命和死亡／（美）吕温伯格著；陈超译．--沈阳：辽海出版社，2014.12

ISBN 978-7-5451-3192-5

Ⅰ.①不… Ⅱ.①吕… ②陈… Ⅲ.①青少年-心理健康-家庭教育 Ⅳ.①G479②G78

中国版本图书馆CIP数据核字（2015）第004110号

辽宁省版权局著作权合同登记：图字06-2014-219

责任编辑：刘波
责任校对：汉风
装帧设计：杜帅

出版者：辽海出版社
地　址：沈阳市和平区十一纬路25号
邮政编码：110003
电　话：024-23284469
E-mail：dyh550912@163.com
印刷者：香河县宏润印刷有限公司
发行者：辽海出版社

幅面尺寸：170mm×240mm
印　张：9.75
字　数：100千字

出版时间：2015年5月第1版
印刷时间：2015年5月第1次印刷
定　价：29.80元

目录

Contents

Contents

Contents

写给家长的话

To Parents

尽管人们习惯把孩童时期当作是一段无忧无虑的嬉戏时光，但数以万计的孩子却在12周岁之前就早早地体会到了亲人离世的痛苦。较多时候是祖父辈的长辈与世长辞，有时是叔伯辈的亲人突然辞世，有时候甚至是父母之一或一个兄弟姐妹的意外离世。

面对亲人的离世，即使是成年人也难以接受、难以理解，而孩子们由于缺少倾诉对象和生活经历，在面对这一变故时可能会更加难熬。本书可以帮助他们解决这个问题。

不同年龄的孩子如何度过这一悲伤的时期呢？本书进行了简单又直接了当的阐述。通过阅读本书，你会找到帮助2～18岁孩子的有用建议。

并不是每个活动都适用于任何孩子。你需要做的就是在书中的活动中为你所关心的孩子挑选最合适的一些。通过这些活动，孩子会学到的最重要的内容有：

- 生命中有些事情你可以控制，有些不能（活动2）
- 每个生命都有自己的寿命（活动10）
- 人们对于死亡有不同的看法（活动13和活动22）
- 人们表现悲伤的方式各不相同（活动26）

- 即使你正处在悲伤时期，你仍可以继续做使你快乐的事情（活动29）
- 与已逝亲人相处的时光对你影响会很大，你应该把这美好记忆与人分享（活动37和活动38）

这本书为帮助一个悲伤的孩子表达悲伤的感情而使其情绪稳定提供了一个全新的视角。书中的这些活动不仅能帮助孩子走出失落的心情，还可以教会他们应对生活中的各种压力。

当你尝试帮助一个悲伤的孩子时，很有可能会遇到的一个问题就是：对于孩子来说有些话题很难出口。请记住，千万不要在一个孩子不想说话的时候强迫他。让孩子打开心胸的最佳方式无异于自己做一个好的榜样。谈谈和本书活动有关的你的想法、感受以及经历，强调自己解决问题时采取的积极态度。这样即使孩子还一言不发，你的话也会很有影响力。

本书是为那些失去了重要亲人的孩子编写的，当然，有些孩子可能还需要一些额外帮助。因为失去重要的人，即使不是很亲近的家人，有些孩子也会产生严重的抑郁；另外一些会开始做噩梦，会产生某种特定的恐惧，或者整个人都变得很焦躁。如果你真正关心自己的孩子因为丧亲而遭遇痛苦，那么当然要考虑找一个经验丰富的心理咨询师进行咨询。除了单独的咨询治疗，让孩子和其他一样遭遇丧亲之痛的孩子进行交流也是非常有益的。大多学校、医院以及社区心理健康中心都能帮助你在附近找到帮助孩子排解丧亲之痛的组织。

如果离去的人和你也很亲近，不妨为自己也做一下心理咨询。这一经验对于将来帮助你所关爱的孩子是十分有用的。

使用本书时，请保持耐心并尊重孩子的感受。

作者敬上

丧亲之痛和成长阶段

Grief and Developmental Stages

孩子对丧亲之痛的体验会随他们成长阶段的不同而变化。尽管每个孩子都是不同的，但每个年龄段的孩子却拥有一些共同的典型特征。这部分内容即是对于孩子的这些特点，以及对相应年龄段的孩子所提供建议的总结。

两岁以下

这个年龄段的孩子已经可以明白爸爸妈妈、兄弟姐妹以及保姆在自己生活中的角色，并且已经对他们产生了感情。当孩子深刻认识到亲人不在的变化时，他们虽然还没有表达自己思想和感受的语言能力，但他们的行为会表现出自己的悲伤。在一个充满爱心和关怀的环境里，婴儿和蹒跚学步的孩子就可以使自己适应重要的人离去后的日子。

建议

用简单的语言告知孩子他们的亲人已经离世，永远不会再回来了。和死亡有关的事情也可以用简单的话来解释，重点是要尽可能保持孩子的日常生活规律和平时一样，把他们熟悉的逝者的物品保持原样并且尽量减少周围环境的变化。失去亲人的孩子可能会觉得有亲人气味的衣服或者枕头可以安慰自己，或是一本有孩子和亡者合照的相册带来的回忆会对帮助孩子产生积极的作用并安慰孩子。

3～5岁

在这一阶段，孩子还没有发展出抽象思维。他们还不明白死亡意味着永远的失去，可能时常还会问像已逝的亲人什么时候回家之类的问题。而这些问题对大人来说往往更难以承受，因为孩子们只是在单纯地试着去掌握一个即使对成年人也很难完全理解的概念。这一年龄段的孩子只能从字面上理解意思，那些安慰他们的委婉说法往往容易导致误解和忧虑。比如告诉孩子人死了就好像睡着了一样可能会让他晚上不敢上床睡觉。这个年纪的孩子也不能理解那些发生在自己身边，自己却没有参与其中的事件。具有这种以自我为中心的思考方式是孩子成长时的正常现象，但是这种思考方式却可能让一些孩子认为自己应对亲人离世负责，甚至以为是自己的某些想法导致亲人离去的。由于深信亲人离世不是由于外界的不可控力造成而是与自己有关，这些孩子还可能产生被冷落以及被遗弃的感觉。

建议

3～5岁的孩子需要通过嬉戏、提问以及分享回忆来摆脱痛苦健康成长。对待他们要坦诚，使用的交流语言要简单并且与其交谈要有耐心。对他们描述死亡的最好方式是直接告诉他们死去的人的身体停止工作了，而不是使用“睡着了”或者“走了”等隐晦表达。为了防止孩子因为疑惑而焦虑，其他经常和孩子接触的人也应统一口径，使用一样的表达。必须反复告诉孩子亲人的离去并不是他的错，而且离去的亲人也一点不想离开他/她。这个年龄段的孩子会因为有机会亲自参加葬礼而走出失落的心情。

6～9岁

这个年龄段的孩子开始能够理解死亡的永恒性，明白了离去的亲人永远不会再回来。他们可能已经有了天堂或者其他类似阴阳两隔的概念，尤其是其中年长的或者身体有缺陷的孩子已经开始更加现实地理解死亡的意思了。6～9岁的孩子更可能会把死亡当作是某种会把人抓走的东西而不是每人都会经历的一个过程。他们有可能会特别担心自己的安全，也许会询问谁会照顾保护他们。他们的思想仍然简单、单纯，所以提一些关于对死亡认识的问题几乎是必然的。尽管这些问题可能会和肉体有关，也许成年人看起来可能不那么合宜，但是孩子们寻找的关于死亡的信息对于他们而言更有安全感，也很有助益。对于孩子的悲痛，家长及时的关心可以帮助他们尽早从失去亲人的伤痛中恢复过来。

建议

用清晰、真诚、直截了当的方式鼓励孩子并回答孩子提出的问题，用这种方式告诉孩子这些痛苦的问题是可以交流和分担的。6～9岁的孩子可以理解身体机能以及更加详尽的关于死亡以及死因的解释。教孩子用普通的心态正视死亡，回答像是为什么尸体是冷的等问题可能会减轻孩子的焦虑。让孩子自主选择是否参与葬礼或是否去墓地是很重要的。

10～12岁

由于抽象思维的进一步发展，这个年龄段的孩子对于死亡开始有了更加深入的理解。他们知道人的死亡是普遍现象而且有一天自己也会死去。这个年纪的孩子经常会问人是怎么死的，尸体又会被怎样处理，而且可能还有一种对死亡的更直观的描绘的需求。这些问题可能又会让成年人觉得不适宜并且不安，但这些问题仅仅单纯地反映了孩子对于掌握死亡和垂死概念的进一步需求。在这个年龄段，孩子对于道德的意识日益增长，可能会把死亡当作一种惩罚。这时孩子表达思想感受的能力可以帮助大人了解并且揭开孩子对于死亡认知的神秘面纱。10～12岁的孩子更加成熟，更有可能有意向参加葬礼甚至在葬礼中发言。

建议

这个年龄段的孩子需要理解的是自己不能阻止死亡的发生，死亡也并不是对任何人的惩罚。家长要告诉孩子有时事情的发生是没有理由的，并且为孩子作表率，一起讨论分担悲伤的心情。当孩子得知成人也会受丧亲之痛的影响，一种感受共享的氛围随之建立，亲子之间的感情也会更加深厚。尽管成年人也有发泄内心悲痛心情的权利，但重要的是不能让这种心情延及孩子。

13～18岁

大多数青少年对于死亡都有比较全面的认识。死亡和垂死这些抽象概念在他们脑海中已经概念化，他们开始尝试去融合理解这些概念。青少年逐渐形成自己对死亡的认识，这一过程通常是充满冒险的，因为死亡在他们的头脑中往往已经被浪漫化，他们开始探索自己的极限。然而现实的死亡可以如惊涛拍岸般粉碎青少年理想化的安全世界。对于这个年龄段的孩子来说，去否定死亡对他们的影响并且避免谈及已逝的亲人的现象很正常。不管怎样，和他们分享感受和回忆并且给他们参加安排葬礼的机会是很有益的，要知道，青少年很有可能会拒绝参与。青少年时期正是少年们发展个性逐渐独立的时期。如果在鼓励孩子表达情感的时候不强制、不逼迫，也不制造压力，家长便能够安慰孩子并与孩子建立起互相尊重和理解的关系。

建议

很多时候良好的交流会在意想不到的情境下发生——准备去学校的时候或者在其他非正式的场合。在这种放松的对话中，相互之间短时间的交流不会产生压力，青少年会很少有对抗感。我们强烈推荐让青少年用充满创意的表达和采用参与家庭活动仪式等方式纪念自己的亲人。

孩子悲痛的过程

How Children Grieve

丧亲之痛并不仅仅局限于死亡事件发生期间。有过丧亲经历的孩子在生命的各个阶段都会体验到“缺失”的痛苦。本书中的活动可以在孩子不同的成长阶段使用。

每次成长到一个新的阶段时，孩子对于丧亲的理解就会更进一步，他们会以一种新的方式体会到失去亲人的痛苦。生命中一些里程碑式的大事件也会把心底深藏的痛苦引出：一个在六岁就失去母亲的男孩可能在高中毕业时再一次因为“发现”母亲不在身边而感到悲伤痛苦。

对于如何帮助孩子应对丧亲之痛有很多过时的看法。比如，认为把孩子放在一边，孩子会自己从丧亲的痛苦中恢复过来，或者以为在孩子面前隐瞒与死亡有关的信息是在保护他们免受伤害。这些错误的理解可能会害了孩子。成年人必须关注丧亲的孩子是如何经历痛苦的，还要鼓励孩子多多进行对话交流来表达他们的感受。孩子可以从获得与其年龄段相适应的信息以及开放的对话中受益。

孩子与成年人不同，在观察处在丧亲之痛的孩子时必须牢记这一点。不能拿成年人作为标准参照物来解读一个孩子的举止。即使一个孩子可以在葬礼上和家人或者朋友玩成一团，也不代表他/她已经不再因失去亲人而痛苦了。

孩子的悲伤情绪和成年人的不同，前者是短时爆发的，但悲痛的程度却不亚于后者。孩子的情绪具有行动主导性，并且会反映于每天的活动中。孩子可以忍受短时间内悲伤情绪的沟通，然后注意力就会转移到熟悉的活动或者感受上。对于一个孩子来说，伤心地大哭几分钟，然后扭头就去公园玩、和朋友一起玩或者骑自行车兜风都是很正常的。

处于丧亲痛楚中的孩子经常会表现出上一成长阶段的行为、举止并选择参与类似那一阶段的活动。这个表现从情感上来说，对于受亲人离世打击不知所措的孩子来说是必须的。早已与大人分床睡的孩子丧亲后又想要和父母一起睡，或者已经不吃手指的孩子又吃起了手指都不算异常。自控制力的减小在他们身上表现为有时会发脾气，或者情绪突然爆发。在这个暂时的转变期，对于父母来说重要的应该是先安慰孩子而不是严厉地惩罚他。认知孩子悲伤的情绪并且和他们聊一聊发生的改变是很有帮助的。

在亲友去世后，孩子容易因分离而感到焦虑。他们可能会不想上学，或者更想和父母在一起多待些时间。他们会关注别人会不会也一样离去，尤其是担心照顾他们日常生活的人。告诉他们死亡的条件和原因并且解释清楚剩余家庭成员的安全状况对于这一点很有帮助。反复强调没有人会出事，同时注意如果有事要离开孩子，应提前通知他/她们，这可以帮助孩子安心。

那些看起来不起眼的损失——丢了一个玩具，有一个期望没有达成，或者单纯地只是没有吃到第三块饼干，都有可能触发由于丧亲而受到的巨大痛苦。这些反应为帮助孩子提供了机会，可以让他们倾诉最让他们心烦意乱的事——亲友的离世。将自己关于死亡的感受投射给孩子们吧，因为他们可能会把自己对书里的活动的完成情况说成“一团乱”“不够好”或者“糟透了。”这时只要对他们的努力表示支持，并且告诉他们人有时确实会觉得自己对某些事无能为力，就可以帮助他们。

和有类似经历的孩子进行小组互助活动对于减少儿童的孤立感并且增强他

们对于丧亲之痛的理解应对能力是有益的。这本书可以帮助单个的孩子也可以用于小组活动。当有同伴和自己一起探索相同的命题并且完成相同的活动时，孩子们会感觉更加放松。

父母和孩子同时表现出丧亲之痛可能会造成很多麻烦，但是这些麻烦都可以用耐心和热情减轻。本书内容的方向主要是由家长帮助孩子减轻丧亲之痛，但是在教育、治疗，还有安慰孩子的同时也可以让也处于丧亲之痛的家长转移注意力，减轻他们自己的痛苦。协助方，如学校的心理辅导老师、精神导师、互助小组同伴、亲戚和朋友们，可以为孩子或大人提供特别的时间、信息以及帮助。这本书里有启发性的经历供孩子和大人共享。欢迎大人一起加入书中的活动，当然，只是关注或者表现出对他们进步的认可也可以。

复杂和有创伤性的丧亲之痛

Complicated and Traumatic Grief

复杂的丧亲之痛牵扯到很多之前的问题，比如其他的死亡事件或者其他东西的失去、情感的易挫性，或者同时发生的多起死亡。有创伤性的丧亲之痛源自于突然的、出乎意料的、极端的或者灾难般的死亡事件。下面的行为是孩子存在复杂或有创伤性的丧亲之痛的表征，如果孩子在死亡事件发生一个月后还有以下表现的话，就意味着有寻求专业建议或者丧亲心理治疗的必要了。

睡眠模式的改变

孩子可能会无法入睡，在半夜时经常醒来，做噩梦或者难以醒来。他们会想要和家长一起睡，但这并不是睡眠模式改变的信号，而是经历过亲友死亡的普通表现，反映出在一天结束时，当儿童表现出脆弱、疲劳以及害怕的时候自然会寻求安心感的需要。

游戏模式的改变

做游戏的时候要么会表现得特别有攻击性要么会表现得特别消极。孩子可能会在分享、游戏合作性或者是否想要和其他孩子在一起等方面发生改变。孩子会对微小的损失做出夸张的反应或者通过游戏表现自己的丧亲之痛，而这些通常不会引起人们的关注。实际上，孩子会在游戏时反复进行和死亡有关的主题，试图去理解发生了什么。

感情表达的改变

孩子可能会随时间流逝变得越来越焦虑，表现为恐惧或者经常受惊吓。需要关注的地方是他们快速的情绪转变和情感表达的激烈程度。

饮食模式的改变

孩子可能表现为显著的厌食或者暴饮暴食。不要冲动地把这些判断为孩子应对压力或者失落感的自然反应的一部分。如果孩子的饮食没有随时间变化恢复正常，体重开始显著增加或减少，那么就应该带孩子去咨询医生或者心理健康治疗者。

无法和别人分开

难以面对离别是经历丧亲之痛的正常反应。如果这种情况超过六个月以上并且伴随焦躁、恐惧，闹脾气等状况，则需要注意。

学校表现的改变

最初，儿童在学校的注意力会受到丧亲之痛的影响。如果随时间的推移，他们还不能重新专注于学业，就是该寻求帮助探索难题的时候了。这可以通过让老师比较死亡事件发生前后孩子的成绩给予证实。

写给小朋友的话

亲爱的小朋友：

你好！这本书是写给你的，请在它的帮助下花时间想一想自己，创造一些东西，并且记住你所爱的人。在亲人死去之后，大家会有不同的感受和经历。书里的这些活动给你提供了很多可以表现自己平时很难用文字去表达的感受和经历的方式。

把这本书当作一本日记吧，用它来记录自己的所思、所想，以及这一段时间的记忆。不管是想要慢慢来，或者很快地完成它都可以。选一个自己喜欢的活动开始吧，然后一页页进行。它能让你等到自己长大时再回头看一遍自己都经历了哪些事，自己又做了什么帮助自己。

作　者

所有的事都变了

小贴士

变化是生活的一部分。在你的生活中很多事物都会发生变化，不管开始看起来有多困难，随着时间的推移你都会适应它们。

不管是人还是事物都在变化。有些变化得很快，嗖的一下就变了；有的变得很慢很慢，慢到你可能都不会注意。有些东西是你可以改变的，比如你的发型；有些事情则不行，就好像你脚的大小。有些改变你很喜欢，比方说一年长大一岁；另外一些你可能不那么喜欢，比如说一个小伙伴要搬去远方。有的变化很微小，比如随着季节改变白天天亮的时间跟着改变；有的变化大的就好像龙卷风一样，让很多事情彻底改变，让你迷惑不已。

至今你已经经历了很多改变，翻翻相册就能看到自己的脸和身体有怎样的变化。随着你学会的东西越来越多——不管是在学校还是从别人那学来的，你的思想也发生了改变。

活动1

一起动手做

画出自己还是个宝宝的时候、很小的时候以及现在分别是什么样子或找出当时的照片。把它们放在下面的门中。

一起来回答

根据这些图片说说你是如何变化的。

在这些改变中，你喜欢哪些？

在这些改变中，你不喜欢哪些？

造成这些改变的原因有哪些？

活动2

你能控制的和你不能控制的变化

小贴士

生活中有些改变是你能控制的。比如说，如果你最爱的电视节目演完了而接下来的节目很吓人，你可以换台或者关电视。也有很多变化是你无法控制的，比如至亲去世。

玛丽安娜喜欢跳舞。每周二放学后她都会去上霹雳舞课，然后回家在她的镜子前练习舞步。她的朋友杰西参加了一个踢踏舞班，杰西简直爱上了踢踏舞。看杰西对于踢踏舞那么狂热，于是玛丽安娜也决定把霹雳舞班换成踢踏舞班。她简直等不及开始学新的舞步了。

玛丽安娜去上第一节踢踏舞课是由她的爸爸开车送她去的。当下课爸爸去接她时，却惊讶地看见她是哭着从一起上踢踏舞班的女孩们身边走开。在他们开车回家的路上，玛丽安娜告诉爸爸，其他的女孩们问为什么她妈妈没有开车送她。她们不知道玛丽安娜的母亲上个月去世了。家里发生了这么多改变，玛丽安娜还没准备好要去回答这样的问题，她不知道该说些什么。

玛丽安娜的爸爸也认为她的生活发生了很多变化。其中有些还不错，有些则不太好。有些变化是她可以控制的，比方说决定把霹雳舞班换成踢踏舞班；还有一些却是她无法控制的，母亲的去世就不是她可以控制的。玛丽安娜和爸

爸商量了当她不想回答和母亲有关的问题时应该说些什么。他们共同决定她可以说："我的母亲去世了，我不想说这些。"接着她可以改变话题。

当她察觉自己可以决定如何回应这些问题时，她感到自己接人待物更有把握，这样她感觉好多了。

活动2

一起动手做

利用拼贴的方式改变这只蝴蝶的形象吧。你可以把一些彩色的手工纸或者杂志上的图片撕成小块粘在上面。

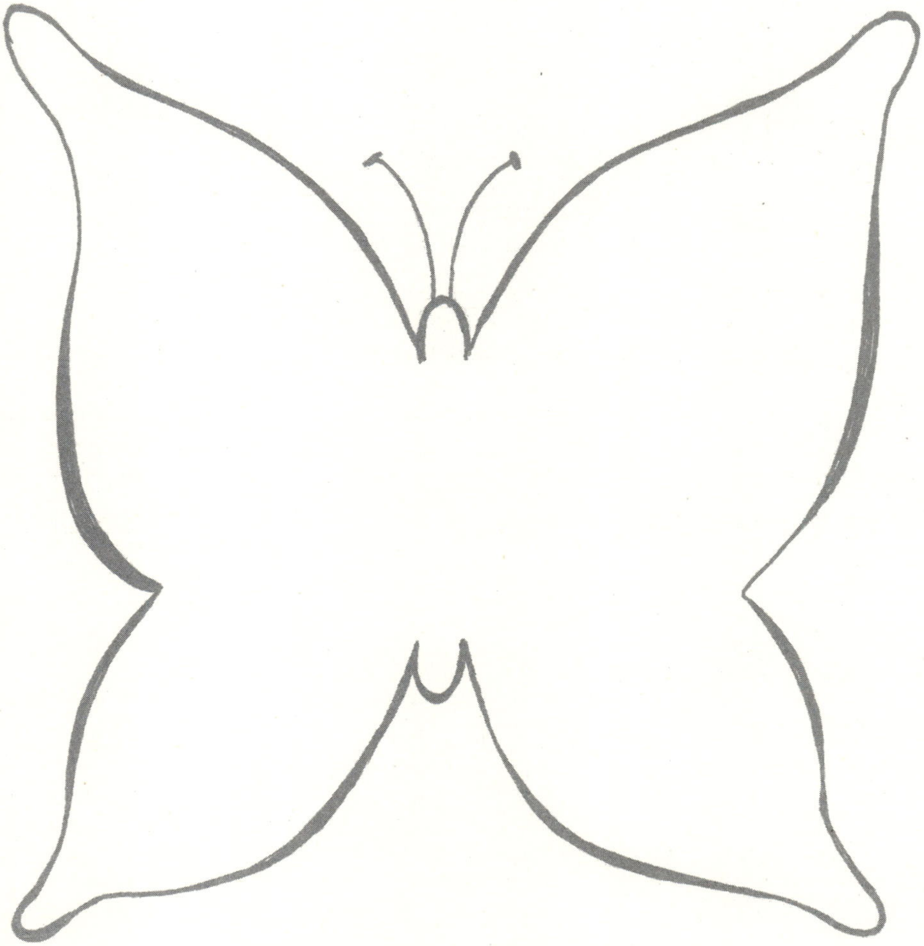

一起来回答

你喜欢自己用拼贴的方式改变这只蝴蝶吗？

列出三件生活中你可以改变的事情。

列出三件生活中你不能改变的事情。

活动3

你眼中的自己和他人眼中的你

小贴士

当你照镜子时，看到的是自己的外在形象，也是别人眼中的你。你的内心世界可能与外表给人的感觉大不相同。在你身上发生过的事情、其他人说过的话、你的感觉，还有你的想法都是你内心世界的组成部分。

亚历山德拉讨厌去学校。因为她最好的朋友，西德尼，最近去世了。每天早上到了去学校的时间她都会出声痛哭。穿好衣服后，她可能会因为自己的短袜太紧了或者短裤太短了而尖叫。她的妈妈发现确实有些事情给亚历山德拉造成了很大的困扰，然后妈妈同她进行讨论，知道了西德尼的死对女儿来说是件多么难过的事。当亚历山德拉被妈妈温暖地抱着时，她哭了，她说："我想西德尼。学校里没有人可以和我一起玩了。"

在教室里，亚历山德拉表面上微笑着听从了老师的指导。她努力学习并且把难过的心情藏在心底。老师从来没有发现过亚历山德拉"微笑"的面具背后存在着那些难过的、愤怒的、害怕的，还有困惑的情绪。

一起动手做

在左边的面具上画出你认为别人看到的你是怎样的。在右边的面具上画出你是怎么看自己的。

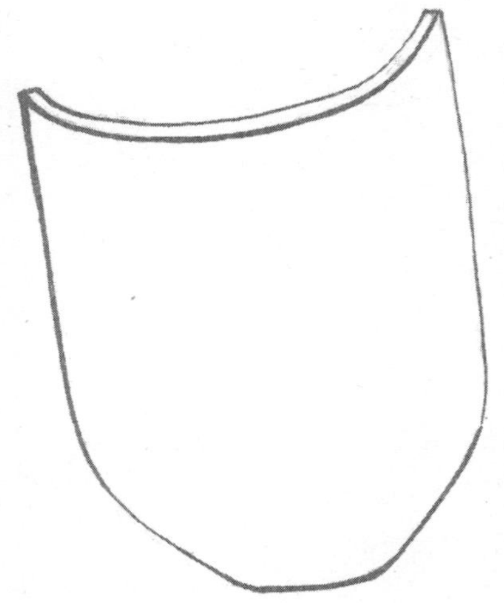

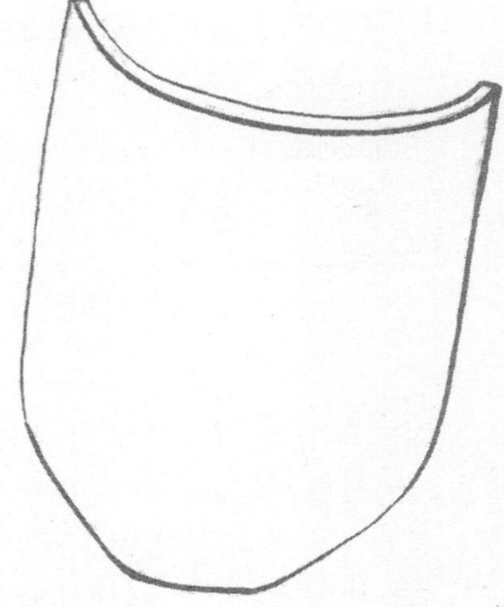

活动3

一起来回答

这两张面具有什么不同？

他们的相同点是什么？

在两张面具中你有更偏爱哪一张吗？如果有的话，请写下你更喜欢哪一张？原因又是什么？

你有很多情绪

小贴士

你的情绪随时都在变化——每天、每时，有时甚至每个瞬间都在改变。你甚至可能会在一时间有几种不同的情绪。你可能会担心那些让你不舒服的情绪——如愤怒、悲伤还有恐惧——不会消失，但是它们会消失的。说出你的感受并且试图去理解这些情绪可以帮助你更快摆脱它们。

舅舅去世时，迈克尔知道自己很伤心。里奥舅舅就像是他的朋友一样，两人一起钓鱼、骑车、自在地闲逛，共同度过了很多美好时光。起初，迈克尔非常怀念里奥舅舅，但是过了一段时间，他好像停止想念他了。一天晚饭时，迈克尔因为妹妹没有立刻把番茄酱递给他就对她大喊大叫。当爸爸告诉他到刷牙的时间了时，迈克尔开始大吵大闹并踢打家具。迈克尔不知道是什么让自己会如此心烦意乱，而且也不喜欢自己如此失控的样子。

母亲问他是不是经常会想起里奥舅舅，可他并不想谈他的事，他倔强地说道："我恨里奥舅舅，他死了我一点也不在乎！"迈克尔一想起里奥舅舅就感到生气，即使他不想承认。他想，也许自己应该难过，而不是生气。他怎么能恨自己最喜欢的舅舅呢？他妈妈的一番话消除了他的疑虑："感到生气是正常的，孩子。我也气，我很生气我的弟弟竟然离开了我。"她告诉迈

活动4

克尔回忆里奥舅舅有时生气有时难过有时迷惘都是正常的，但有时也会给他带来快乐。与妈妈谈论自己的感受让迈克尔好过不少，然后他微笑着说道：“是啊，记得里奥舅舅把我扔进水池那次？”两人一起大笑起来，笑声中妈妈祝迈克尔晚上睡觉做个好梦。

一起动手做

回想你今天所有的不同的感受，然后挑出四个来。为每一种感受选择一种颜色涂进下面的方框中，然后把这四个感受分别写在其对应颜色下面的横线上。最后用这四种颜色设计一个可以代表你复杂感受的图形。

活动4

一起来回答

你最喜欢哪一种感受？为什么？

你最讨厌的又是哪一种呢？为什么？

现在的你感觉如何？

把今天的一种感受记录下来吧。

____

____

____

____

____

活动5

你的人生是一次旅行

小贴士

你的人生可以被描述成一次旅行或者一把生命尺。在这一旅途中，你会遇到很多对你来说很重要的人。其中有些只会在你的生命中逗留短短一段时间，甚至想起其中一些对你来说都有些困难，但是他们都是你生命尺的一部分。

塞琳娜8岁时做出了自己的生命尺。生命尺就好像一把尺子一样，不过计量单位是她生命中的每一年而不是英寸。在每个数字附近，她都会写下或者画出那一年遇到的对她来说很重要的人。妈妈是她生命尺记录的第一个重要的人，尽管塞琳娜已经不记得她了——在塞琳娜很小的时候母亲就去世了；接着她画下了照顾她直到两岁的保姆。塞琳娜听过很多和这两个女人有关的故事，她知道她们有多爱她。

塞琳娜选择画上的其他一些人包括二年级教过她的老师、她最好的朋友以及她的童子军领队。这些人对塞琳娜来说十分重要，尤其是最近搬到城里去的她最好的朋友。这些人有些陪伴她的时间很短，有些很长。有些早早地就加入了她的人生旅程，有些是最近才加入的。他们有一个共同的特点：他们都关心塞琳娜，而她也在乎他们。

一起动手做

沿着这条生命尺，画出或者写下你生命中重要的人。看看他们是在你几岁时加入你的人生旅程的。

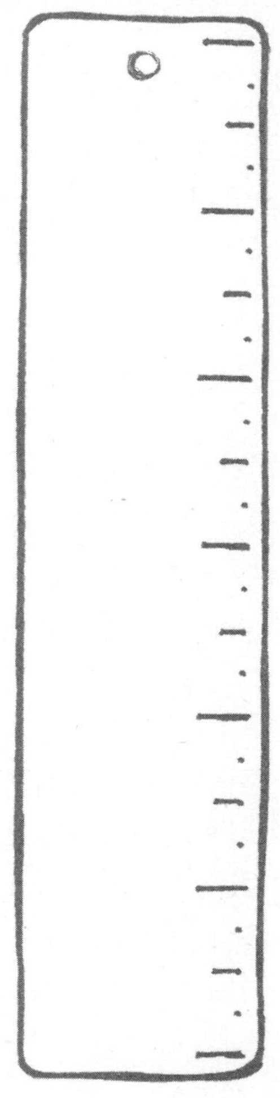

活动5

一起来回答

在你的生命尺上，哪个人对你来说最重要？为什么？

____

____

____

____

你喜欢自己做的生命尺的哪一点呢？

____

____

____

____

你觉得自己长大后生命尺上可能会增加哪些人呢？

____

____

____

____

你有一个后援团

小贴士

在乎你关心你的人有很多。他们可能是你的家庭成员、朋友、老师或者跟你住在同一个社区的人，可能是你每天都要见到的人或者你不经常和他们在一起的人。这些人是你的“后援团”，他们关心你并且愿意帮助你。想起这些愿意帮助你的人会让你觉得不再孤单。

当艾莉森的狗狗詹克死去的时候，艾莉森感到十分孤单难过。第二天上课时她哭了，老师把她带到一旁问她怎么了。和老师谈过后，艾莉森感觉平静多了，于是她顺利地度过了上午的时间。午饭时，艾莉森又感觉难过了，于是她对好朋友劳伦说了詹克的事。劳伦也养过一只仓鼠，后来死了，两个女孩分享了各自的故事，艾莉森又一次感觉好些了。当天晚上，爷爷奶奶专门来和她一起吃了晚餐。艾莉森意识到有很多关心她的人，他们都愿意与她谈起詹克。晚上睡觉时，艾莉森想起了她的狗狗，也想起了她的老师、朋友，还有爷爷奶奶。

活动6

一起动手做

想想你的后援团成员有哪些。在下面的方块里画出一个以你为中心的太阳系，想加多少星球都可以，把他们的名字加在各个行星上吧。

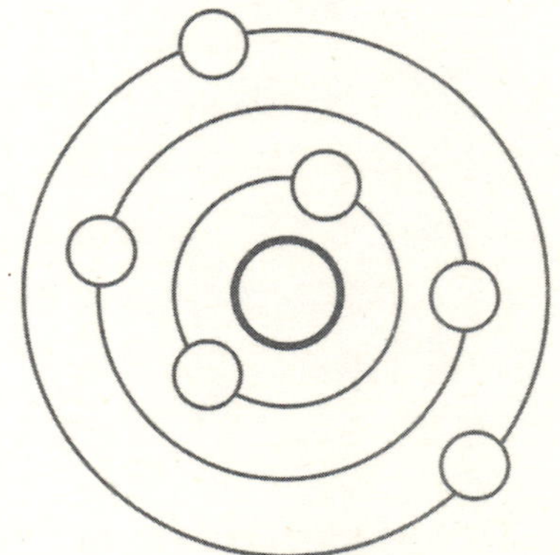

一起来回答

每个人都是如何表现他们对你的关心的？

当你看到自己的太阳系时，心里是什么感觉呢？

活动7

每个家都独一无二

小贴士

每人都有不一样的家庭。人们来自不同的国家，说着不同的语言，信仰不同的宗教，有不一样的肤色，并且住在不一样的地区。有的孩子和亲生父母住在一起，有的和养父母在一起，有的是单亲家庭，还有人和其他的家庭成员或朋友住在一起。

在美术课上，莉莉被要求画一幅全家福。她很不情愿，因为在她心中她的家庭和别人的家庭不一样。她没有画全家福，而是画了一幅在群山环绕中的美丽湖泊，这让她感觉好多了。老师说莉莉的画很可爱，但是因为她没有听从要求，必须要重新画一幅全家福。莉莉感觉又气又怕，也很尴尬，她很快地把她和妈妈画在了纸上。

所有同学的画都挂在宣传板上被展示了出来。其中莉莉的画显得很潦草，她很后悔没有再画得认真一些。看着旁边其他同学的画，莉莉发现了一个很重要的事实：所有的画都不一样，因为大家的家庭各不相同。胡戈和他的妈妈、爸爸、哥哥还有小姑住在一起，丹娜和她的爸爸还有祖父母住在一起。莉莉只和妈妈住在一起，就只有她们俩！

一起动手做

假设你要为自己的家设计一个表现家族历史的徽章。在下面的轮廓内贴上可以代表自己家的图案吧，不论是杂志插图、照片还是你的画都可以。

活动7

一起来回答

徽章上有缺少什么人或者什么东西吗？

你最喜欢自己做的徽章的哪些部分？

从你选择的图案里找三个，然后讲讲它们是如何代表你的家庭的。

一个让你感到舒适的特殊地点

小贴士

世界上有些地方你去过，还有些地方你想要去。其中有些地方对你来说有更加特殊的意义。记住这些特殊的地点或者想像自己去了某个特殊的地方可以让你感到舒适。

当你感到难过、烦躁不安或者愤怒时，有很多种帮你改善情绪的方法。其中一种是想起某个对你有特殊意义的地点。即使现实中你也许不能去那里，在想象中你却可以随意拜访你的秘密基地。

选一个让你感到舒服又快乐的地点，可以是你某次放假去过的地方，可以是你的房间，也可以是海边的沙滩，可以是现实中的地点，也可以是想象中的神秘花园。

好，现在选一个让自己感到舒服的姿势，可以靠在椅子上、摊在沙发上亦或是躺在地板上。让你的胳膊轻轻地贴在身旁，轻轻地慢慢地呼吸。如果感觉闭上眼睛舒服的话，闭上眼睛。把自己想象成一条软绵绵的面条，让身体的每一个部位都充分放松。

想象你的秘密基地，你是独自一人还是和其他人在一起？你看到了什么？

活动8

那里有什么颜色，那里有其他什么东西吗？花些时间仔细观察，然后倾听所有的声音，闻闻所有的味道。注意这个地方给你的感觉。当你准备好之后，离开这个秘密基地，带上它给你的感觉一起走。要记得，这个秘密基地的大门永远为你打开，你可以随时回去拜访。

一起动手做

在下面画出你和你的秘密基地吧。如果你喜欢的话，可以挑张照片，把单独的自己的图象从背景中剪出来贴在上面，然后创造出新的背景——你的秘密基地。

活动8

一起来回答

这幅画给你什么感觉？

在画里，你在做什么？

你的秘密基地在哪儿？

已逝亲友送给你的礼物

小贴士

当自己喜爱的人送礼物给我们时，最好将它保管好。已逝的人一定给过你可以随身携带的礼物。这些礼物可以是真实具体的物品，也可以是你内心珍藏的感受。带着我们喜爱的人送的东西能让你心情愉快。

一个学期结束了，终于又到了暑假。朱莉娅很喜欢参加夏令营，在过去的三年里，她每年都会参加。可是今年她不想去了。在她应该去参加夏令营的前夜，朱莉娅哭着恳求父母不要让她去了。之前的每次夏令营，奶奶都会陪伴她直到夏令营的校车来把她接走，并且在夏令营结束时接她回家。可是一个月前奶奶去世了，朱莉娅很想很想她。

朱莉娅对妈妈说她不敢去夏令营。于是母亲陪她坐着，她们聊起了她的恐惧。虽然母亲再三保证会和她一起等夏令营的校车，可朱莉娅还是想要奶奶陪。奶奶是那么爱她，每次把所有事情都安排的妥妥当当的。朱莉娅说道："没人能给我奶奶还在的感觉。"这时，妈妈起身离开说她会马上回来，妈妈回来后带回了一个惊喜。她把奶奶的手表送给了朱莉娅，那是奶奶曾经每天带在身边的。

第二天一早，朱莉娅背着背包上了校车，打开拉链，里面安全地放着奶奶的手表。每当她感到恐惧或孤独的时候，朱莉娅都会紧紧地把背包抱在怀里。知道奶奶的手表就在里面让她倍感安心。

一起动手做

在下面的方框里画出你挚爱的人送给你的礼物吧。可以是一个物品，也可以是一个表现你的感受的图案。你可以把它剪下来随身携带，或者放在一个你可以随时看到的地方。

一起来回答

你挚爱的人送给过你什么礼物?

____

____

____

____

这幅图给你什么感觉?

____

____

____

____

你想把它放在哪儿?

____

____

____

____

活动10

万物皆有寿命

小贴士

每个有生命的物体都有自己的寿命，他们会在某一天消亡。有些寿命比较短暂。有些昆虫可能只能活几天，而人可以活上百年，树木更是可以活好几百年。

在希伯来出生以前，一只叫做朱尼尔的猫已经和他的爸爸妈妈生活在一起了。希伯来会说的第一个词语是“猫猫”，当他开始学走路时更是跟着朱尼尔到处走。再大一点时，希伯来会蹑手蹑脚地走到朱尼尔身后大叫一声“啪”，然后大笑地看着朱尼尔惊慌地跳起来。晚上的时候，朱尼尔会睡在希伯来的房间里。希伯来七岁时，朱尼尔死掉了。朱尼尔已经活了二十年，对于猫来说已经相当长寿了。希伯来超级想念朱尼尔。他很多次哭着问：“为什么朱尼尔要死？”失去了他的特别好友，希伯来感觉又空虚又难过。尽管希伯来知道他的猫猫已经活了很久了，他还是想和朱尼尔永远在一起。妈妈告诉他这是不可能的，所有活着的东西终有一天会死去，他会因朱尼尔之死而感触很多，其中会有创伤性的感受，但是要多想和朱尼尔在一起的美好时光。希伯来对妈妈说，他永远也不会忘了朱尼尔。

一起动手做

下面的画画的是一只鸡生命中的三个阶段。请在下面的三个框里画出另外一种生物的生命的三个阶段吧。

活动10

一起来回答

你画的生物有多长的寿命呢？

____

它是怎样一步一步变化的？

____

____

____

你最喜欢它的哪一个阶段，为什么？

____

____

____

____

____

____

死亡有很多成因

小贴士

死亡的成因千奇百怪，但是人们的话语或者思想从不能杀死一个人。你说过的某一句话或者某一个想法绝对不可能导致你喜爱的人离去。

所有的生物——植物、动物还有人——都会死亡。如果某地长期没有降水，当地的植物就可能会旱死。一场森林大火可能会导致很多动植物死亡。大火可能是由自然原因造成的，比如闪电，也可能由人为事故引起的，比如一根掉落的燃烧着的火柴。

大多数人都是在年纪很大的时候去世的，但也不总是这样。有的人会在事故中丧生，还有的人会自杀，有些人死于药物过量，有些在战争中丧命，有些疾病也会致人死亡。

你喜爱的人会因为某种原因去世，但你的话或者想法绝不会是导致他们死亡的原因。

活动11

一起动手做

在下面的方框里，画出两种可能导致死亡的物品。

一起来回答

这些东西如何导致死亡？

____

____

____

____

你看到过自己画的物品吗？如果看到过的话，描述一下是什么时间在哪里看到的。如果没有，说一说你为什么会想起来画它。

____

____

____

____

你能想出其他会导致生物死亡的事情吗？

____

____

____

____

活动12

你的亲人是怎样去世的

小贴士

当有人去世的时候，孩子往往会觉得很困惑。他们可能会经历一些新鲜的事情，比如参加一场葬礼。他们可能会有很多不同的感受。找人倾诉可以帮助他们摆脱困扰。

永恩和永果和父母一起待在家里。他们的爸爸感觉不太舒服，正在小憩。在他睡觉的时候，打鼾的声音很奇怪。他们的妈妈两次把他叫醒问他还好吗，每一次他都回答：“我只是累了。”

突然，孩子们听到母亲一边拨打911一边尖叫着让他们下楼。父亲很快被送去了医院，孩子们坐着祖母的车跟在后面。他们一起在一间小房间里等，不久后母亲和一位心理咨询师走了进来。永果立刻问道：“爸爸怎么了？他还好吗？”“你们的父亲去天堂找金姑姑了。”他们的妈妈答道。两个孩子哭了起来。

过了一会儿，咨询师问孩子们是否有什么问题想问。永恩问了三个重要的问题：

1.我们的父亲是怎么死的？

2.如果急救车快点到，他是不是就不会死了？

3.是不是如果当时我做些什么，父亲就不会死了？

咨询师找了一位急救室的护士来回答他的问题。他解释说他们父亲的心脏停止了跳动。当人体的心脏停止跳动时，就没有含氧量高的血液被输送到大脑和其他器官了，于是他就死了。即使急救车到得再快，他们的父亲也救不回来了，因为他已经死了。对永恩最后一个问题的回答最让人痛心。尽管孩子们和母亲都希望自己当时可以做些什么拯救父亲的生命，但是这不可能。因为他们不是医生，也无法看出来他的心脏出了问题。

了解了死因后，永恩、永果还有他们的母亲悲伤时也不必内疚或自责了。

活动12

一起动手做

在下面的横线上，写出你所了解任何的喜爱的人的死亡的信息。可以把以下几条包含在内：

- 你喜爱的人的死亡年龄
- 你喜爱的人的名字还有你对他的称呼
- 死亡日期
- 那时发生了什么
- 死因是什么

一起来回答

在前文中你还想再添加哪些信息吗?

这个活动让你回想起哪些事情了吗? 可以把它们写下来吗?

对于他/她/它的死亡你还有哪些疑问吗?

这些问题你会问谁呢?

如果你和朋友分享你所喜爱的人去世的故事，你认为他们会如何回应你呢?

活动13

和亲友一起做过的特别的事

小贴士

和亲友一起做的事中有些对你有特殊的意义。可能是你们两个都会做的，可能是你们喜欢一起做的，又或者是由你们中一个教给另外一个做的。这些特别的记忆会伴你一生。

克里斯托和理查德几乎每天早上都要重复一个特别的游戏。他们会比赛谁在走廊的油布地毯上滑的更远。他们都热爱这个游戏，几乎说声“滑”就可以让两人开怀大笑。

理查德死后，克里斯托仍旧坚持着这个游戏。她滑出去的时候假装他们还在一起。几年后，在克里斯托带表弟们玩的时候，她把这个游戏教给了他们。她把当初她和理查德一起玩的时候有多快乐告诉了小表弟们。

一起动手做

把你和亲友一起做过的特别的事画出来吧。

活动13

一起来回答

你和你的亲友一起做过哪些特别的事呢？

描述一下你是什么时间在哪里做的？

做这些事最棒的一点是什么？

你的亲友喜欢什么

小贴士

你的亲友会因为某些事物而快乐，比如说喜爱的活动、人、食物、衣服或者地点。通过回忆这些，就可以创造出美好的记忆。

美乐迪的小弟弟约舒华三岁的时候在一场可怕的事故中淹死了。整个家因此消沉了很长时间，家里的人总会因约舒华不在身边而难过。几年后，美乐迪的爸爸妈妈有了新的宝宝，取名叫做丹尼尔。为了让丹尼尔更了解约舒华，美乐迪和爸爸妈妈一起做了本关于约舒华的书。书里有关于约舒华的各种故事——他是多么的喜爱批萨，又是怎样把他最喜爱的电影看了一遍又一遍。他们把约舒华说过的可笑可爱的话也记进了书里，每个人都写下了他们最爱约舒华的哪一点。尽管他们再也摸不到他软软的小脸也抱不到他肉肉的小身子了，但他永远是这个家庭里的一部分。他的姐姐、弟弟还有父母会永远把他记在心中。

活动14

一起动手做

把亲友最爱的东西做个拼贴画吧。你可以用杂志上的画、照片、包装纸、图画或者任何你可以粘上来的东西。

一起来回答

你喜欢这些吗?

这些东西里有你讨厌的吗?

你们共同喜欢的有哪些?

活动15

每人眼中的死亡都不相同

小贴士

当有人去世时，我们很难去想这一切到底是为什么又是怎样发生的。有些人把死亡想象成一个形象——手持镰刀表情狰狞的生命收割者或者一具骷髅，这都有助于对死亡的认知，使其更加真实。有些人意识中的死亡很可怕，另外一些则觉的死亡很平静。

肯雅、万达还有哈利都有过对他们来说很特殊的人去世的经历。在他们的丧亲之痛小组的一次聚会中，他们各自制作了自己想象中死亡的模样，并且解释了他们的画都是什么意思。

肯雅画了一个鬼魂一样的人影，代表夺去母亲生命的癌症。万达用黏土做了个长着长长触角的生物，然后讲了它是如何快速地把她的朋友卷走的。哈利画了祖父的墓碑，然后讲起自己是如何在葬礼上意识到祖父去世了，以及自己内心深处感受到的痛楚。

一起动手做

画出你心目中死亡的形象。

活动15

一起来回答

描述你画的人物或者生物。

____

____

____

____

____

如果它能讲话，它可能会说些什么呢？

____

____

____

你又会回答它什么？

____

____

____

____

疾病、事故和自然灾害

小贴士

世界上的大多数人都不想死。然而死亡往往是由无法控制的因素引起的，比如疾病、事故或自然灾害。

有些疾病是致命的，比如癌症或者艾滋病。如果没有强力的药物治疗，患病的人就可能会死。有时，即使是有力的治疗也帮不上忙。疾病席卷扩散至病人的全身，阻止了身体继续运作，于是人就死了。

慢性病，如镰状细胞性贫血、糖尿病以及肺气肿，是另一种导致死亡的原因。患有慢性病的病人身体某些地方不能正常工作，科学家和医生都无法治愈他们。这些病可能是一出生就有，也可能是长大后得上的。慢性病患者长期需要药物维持，不然他们就会看起来不健康或者很痛苦。

急性病是会突然发作的疾病。不是所有的急性病都很严重，而有些，像是肺炎或者体内的传染病，可能会造成严重的后果，危及生命，通常需要病人到医院就诊。

还有心理疾病，比如严重的抑郁症，可能会让人承受巨大的痛苦。患有抑郁症的人通常觉得生无可恋，不如一死了之。如果不接受规定的治疗，患有严

活动16

重抑郁症的人会因为太过痛苦而选择自杀。

人们也会因为除了疾病之外的其他原因死亡。事故，不管是交通事故还是从高处掉落都可能会致人死亡。有人在战争中死去，还有人会因为某些原因杀死另一个人。自然灾害，比如龙卷风或者海啸，也会引起死亡。

希望这些能让你记得，不管死亡原因是什么，你所喜爱的亲人朋友在自己有选择的情况下都不会选择离你而去。

一起动手做

列出五项难以控制并可能会造成伤害的事项。

1. ____________________

2. ____________________

3. ____________________

4. ____________________

5. ____________________

在下图中用图画把它们表现出来。

活动16

一起来回答

你以前见过这些事情发生吗？

____

你会用哪些话来描述它们？

____

____

____

____

____

你会怎样从这些事故中保护自己？

____

____

____

____

____

死亡让身体停止工作

小贴士

在死亡的瞬间，人的身体就停止工作了。那些维持人生命的器官——心脏、肺、还有肾脏——都不再运作了。人也就再也不能呼吸、说话、行走或者感知了。

莎莉在堂兄迈克尔去世后忧心忡忡。当要去参加葬礼的时候，她哭得特别狠。爸爸妈妈问她怎么了。莎莉哭道："我怕迈克尔会觉得冷，我知道他一个人在黑暗的棺材里。等到他的棺材要被埋起来的时候怎么办呢？"爸爸妈妈告诉她堂兄的身体不在工作了，他的身体不会再感觉到寒冷，他的眼睛也看不到自己在哪儿，是不是在黑暗中，莎莉听到这些最后放心了。

活动17

一起动手做

写出所有你能想起来的维持人生命的器官，然后在旁边写下它是如何工作的。

一起来回答

写写任何你想知道的关于身体是如何运作的问题。

在这些问题中哪个问题是关于导致你所爱的人身体停止工作的?

你曾经问过人死后尸体是被如何处理的问题吗?

活动18

他的死不是你的错

小贴士

众所周知，有些东西是不会致人死亡的。没有什么话一说出来就会导致别人去世的；没有哪一种想法可以杀死别人；也没有人的哪一种情绪可以杀人。一定要记得，你的所说、所思、所感绝对不会导致你的亲友去世。如果你想知道为什么他/她会去世，就去找一个可以理解你的大人，让他告诉你到底发生了什么。

萨米画了一幅全家一起在厨房的画。在画的一角，有个又大又脏塞满垃圾的垃圾桶。当他的咨询师问他画了些什么时，他说："要是我把垃圾扔了就好了，姐姐就不会得癌症了。"萨米曾经听到过父母和邻居谈到他们小区是建在一座下面填满垃圾的土地上。他们说那些垃圾是放射性污染物，就是说那些垃圾是有毒的。萨米只听到了对话的一部分，然后就理解成如果自己把垃圾场倒空，姐姐就不会因此得上癌症去世了。得知姐姐得癌症去世并不是自己的错后，萨米倍感安慰。

一起动手做

你有没有怀疑过是自己做了什么，亲人才会去世的？把你想到的画出来吧。

活动18

一起来回答

你能想到其他会致人死亡的原因吗？

____

____

关于死亡，你想知道些什么？

____

____

葬　礼

小贴士

葬礼或殡仪是死者的家人朋友共同向死者告别的时刻，也是怀念并讲述逝者生平的时刻。

当邻居克拉克先生去世时，妈妈问索菲亚、凯特琳，还有克里斯汀娜要不要去参加葬礼。她说她们可以自己决定是否参加，而且选择不参加待在家里也是可以的。女孩们曾经和克拉克先生关系很要好，而且正在为他的去世而伤心。但是她们从来没有参加过葬礼，有些为不知道葬礼会是什么样子而感到焦虑。妈妈告诉她们那是一个悲伤的场合，很多人可能会哭泣。克拉克先生的尸体会放在一个可能是打开着的灵柩里。如果灵柩是打开的，葬礼上的人们就会看到尸体。尸体不会动，而且可能看起来脸色灰暗或苍白。

三个女孩决定要参加葬礼。她们想要看看会发生什么，听听别人会说些什么。她们想要和克拉克先生告别。在葬礼前，姑娘们把她们最喜欢的克拉克先生的照片洗出来贴在了一张海报板上，把海报还有彩色铅笔、记号笔以及贴纸一起带

活动19

去了葬礼。在仪式开始前，她们在海报上写下自己想说的话，画了一些图案，并且邀请其他人一起为克拉克先生留言。这让她们觉得自己也参与了葬礼仪式，而且和别人有了特殊的共享。

一起动手做

在下面的方框里，做一个帮助你怀念亲友的葬礼拼贴画吧。你可以加进卡片、讣告、殡仪馆的物品、杂志上的照片或者你自己的画。

活动19

一起来回答

在制作拼贴画的时候，你回忆到了什么？

有没有哪些遗漏的没有加进去的东西？你可以回头再加进去。

你在葬礼上有什么感受吗？

你认为其他人会有什么感受？

你有在葬礼上讲话吗？如果有的话，你说了什么？如果没有的话，你想要说些什么吗？

活动20

人们送礼物是为了表达关心

小贴士

当哪家有人去世时，很多人会携礼拜访或者把礼物寄到逝者家里去。这些礼物一般是花束或者食品。人们也会寄卡片，这种卡片叫做慰问卡。不管是送礼物还是寄慰问卡，大家都是在表达哀思和对死者家人的关心。

鲍比想要告诉好友伊万，他为他的哥哥去世感到很难过。鲍比的父母已经给伊万家送去了果篮，但是鲍比想要单独为自己的朋友做些什么。鲍比做了一张慰问卡。他先用记号笔画了一幅画，但是却不知道该在卡片里面写些什么话才好。他不知如何表达自己的感受，没有什么语言可以准确地描述自己的心情，但他还是想要伊万知道自己对他的关心。过了一会儿，他决定就这么写：

亲爱的伊万：

我希望你的哥哥没有死。

知道你伤心我也很难过。

鲍比

第二天，鲍比把卡片给了伊万。伊万还很伤心，但是他知道他有一个真正的好朋友。

一起动手做

画一个礼物或者是慰问卡的封面来表现你的关心。

活动20

一起来回答

你想要把自己做的卡片/礼物放在哪里?

在你的卡片上或者在你的礼物上你想写些什么话?

你记得哪些卡片或者礼物对你来说是有特殊意义的吗?

用来怀念逝者的地方

小贴士

葬礼结束后，尸体会被送去一个特别的地方。可能是公墓，也可能是陵园，或者是家人决定的其他地址。大家可以去这些地方来怀念逝者。

诺拉、艾迪还有泰伦都有参加一个专门为经历过丧亲之痛的孩子们成立的互助小组。小组长挨个询问他们的亲人死后葬在哪里。诺拉答道："在公墓里，妈妈每天都会过去。"泰伦说："在陵园的一面墙上。"艾迪说："奶奶的骨灰在一个特别的花园里。"

大家对彼此的回答都很惊奇。小组长告诉大家说不管家里为亲友选择的安息之地在哪都没有关系。人的尸体不会感到痛楚：它不会觉得热或者冷，也不需要食物或者空气。重要的是逝者的朋友和家人可以去那里怀念他们。

活动20

一起动手做

为这个特别的地点画一幅画或者照张照片，把这个图片放在下面的相框里。

一起来回答

你去过这个地方吗？________________________

如果你去过，在那里你做过什么？

____

____

____

____

____

____

如果你没有去过，你想去吗？你认为自己在那里会做些什么？你想要带些东西去那里吗？想的话，又要带些什么呢？

____

____

____

____

____

____

关于死后事的信仰

小贴士

关于人死之后会发生什么这个问题，人们有不同的想法和信仰。有人相信人死后会永远地住在天堂，有些人则认为人死后会轮回转世重生。有的人不确定会发生什么，还有人认为什么也不会发生。想一想亲友死后会去哪里、会发生些什么可以安慰人心。

凯蒂相信自己好朋友的灵魂一定去了天堂。安妮说她的爸爸死后变成了天上飞的一只小鸟。托德偷偷告诉大家其实他的哥哥的灵魂还和他一起在他们的卧室里。贾斯汀认为这些想法傻极了，他说他的奶奶死后就躺在地下的棺材里。他们的咨询师，马丁内兹小姐，告诉他们关于人死后会发生什么的问题并没有确定的答案。她解释到每个宗教都有自己的信仰，部分宗教相信人死后精神或者灵魂会上天堂。部分宗教信仰轮回转世，即死去的人会转生成另外一个人活过来。还有的宗教认为灵魂在与上帝见面之前会停留在某个地方。还有的人是纯粹的无神论者，不相信精神可以脱离肉体存在，即不相信灵魂存在也完全不相信有上帝存在。

马丁内兹小姐问凯蒂、安妮、托德还有贾斯汀，对于别人的信仰，我们要注意些什么。他们是这么回答的：

- 没人能确定人死后会发生什么。

- 要能接受别人的信仰，即使它和你的大相径庭。
- 当有人去世时，那些在意他的人会难过。
- 对有丧亲之痛的人一定要友好。

一起动手做

你认为死去的亲人去了哪里呢？把那个地方画出来吧。

活动22

一起来回答

对于自己的画，你有哪些感觉?

那里还有别人吗?

描述一下你画的地方。

保持在一起的感觉

小贴士

当你喜欢的某人去世后，你有时会觉得好像那个人还在你身边。要记住事实上你不可能再和那人在一起了。然而，在不同的时间场所，你可以想象他还和你在一起。

当雪莉和雪伦的奶奶去世的时候，两个小姑娘和她们的父母难过了好一阵子，奶奶的离去令所有的家人都很震惊。等到冲击感退却后，他们一起找了一个心理咨询师来倾诉他们的感受。每一个人都谈到了他们感到奶奶还在身边的特殊时刻。他们怀疑这种感觉到底是自己的幻觉还是奶奶仍以某种形式存在于他们身边。正因为这种感觉，一家人都感到安慰。他们很喜欢即使在奶奶死后，也能感到她还在他们的生活中的感觉。

艾琳的舅舅被一种心理疾病折磨了很多年后自杀了。艾林很想念他。舅妈告诉她说可以让她选一件舅舅的旧东西留作纪念。艾琳选了一盒扑克牌，因为正是舅舅教会她怎么玩接龙的，这副牌对她来说很特别。每次她玩这副牌的时候，就会想象舅舅坐在她身边。然后她会微笑，因为想起了他们桃心皇后吃馅饼的笑话来。

活动23

一起动手做

续写下面这个故事。故事的内容是劳伦如何在父亲死后保持和他在一起的感觉的。

劳伦的爸爸在她七岁时去世了。

一起来回答

如果让你给这个故事取个名字，你会取什么？

这个故事给你什么样的感觉？

当劳伦感到爸爸还在他身边时，你认为劳伦会怎么想？

活动24

悲伤的感觉会变

小贴士

在亲友死后，你会产生痛苦的情绪，比如愤怒、悲伤、内疚，还有孤独。这些情绪来来去去，变化不定。它们会随死亡日期的长短、你所处的地点、你和谁在一起以及你的生活中正在发生什么而改变。找人倾诉这些情绪会让人感觉好得多。

里希特的姐姐琼在五年前去世了，那时姐姐十三岁，她八岁。琼刚刚去世的时候，里希特有很多感觉。她身体的一部分拒绝相信那是真的。琼在这些年总去医院，但是每一次她都回来了。里希特相信这次也会像其他时候一样。而她身体的另一部分却已经清楚地知道一切都是真的，琼再也不会回来了。

随着时间的推移，里希特发现她有一系列复杂的情绪，其中有些以前她从来没有体会过。她很生气琼竟然会离开她，疑惑为什么她一定要死，难过她再也不能拥抱自己的姐姐了。她感到孤单，认为父母好像不再关心她了。和她的心理咨询师维嘉小姐谈过之后，里希特找到了发泄痛苦悲伤情绪的方法。她觉得好些了，尽管她知道她还是会一直想念姐姐。

几年后，里希特不再喜欢现在的生活了。她不想和朋友在一起，只想待在家里。她经常感到烦躁又抑郁。母亲建议她再去和她的咨询师聊一聊。维嘉小姐有段时间没见过里希特了，于是便首先问她多大了，里希特回答："十二岁，但是下周就要过生日了。""琼去世时多大了？"维嘉小姐问。"十三岁。"里希特答道。

马上就要长到和姐姐去世时的年龄一样大对里希特影响很大。所有曾经的感情都一起涌回，淹没了她。她发现自己害怕同样会被诊断出患有某种重病然后死去。里希特对维嘉小姐说了这些感受和恐惧。心理咨询师让里希特懂得了她的丧亲之痛时不时会在不同的时刻重新出现。它不会消失，但会随着里希特的改变而改变。经历人生中的大事时，比如高中毕业，里希特就有可能会很想琼。最后维嘉小姐告诉里希特说，注意自己的感受并且在需要时就像这次一样求助是很重要的。

活动24

一起动手做

在你的亲友死后，你因失去亲友而产生的痛苦感受可能会像一个螺旋一样，一圈一圈地环绕下去。在下面的螺旋上，标出你开始感到悲伤时在哪还有你现在在哪。把一路上所有不同的情绪都沿着螺旋标出来。你也可以加一些颜色、线条或者图型。

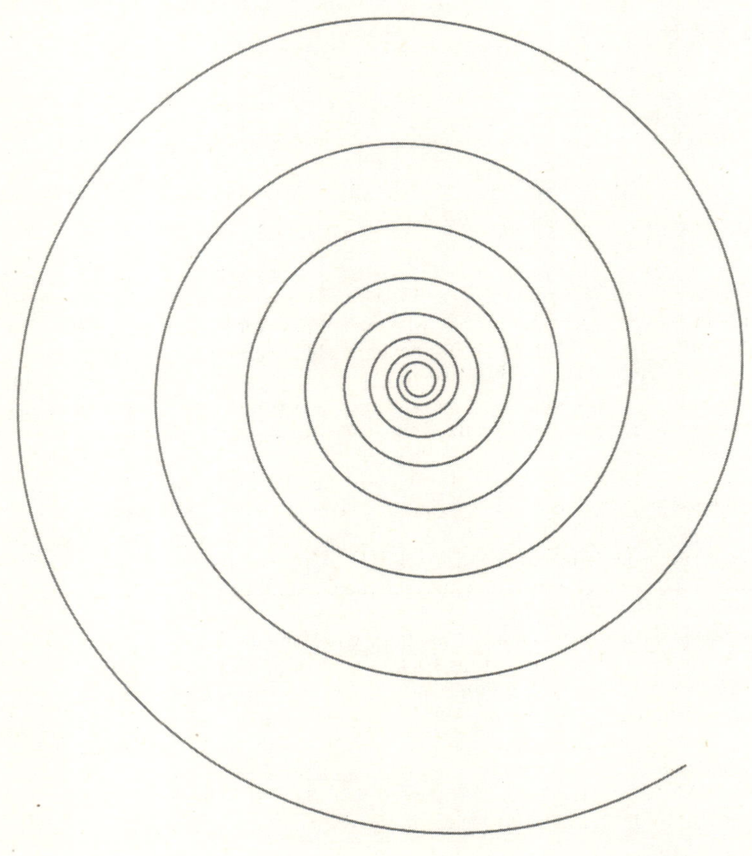

一起来回答

描述一下你现在在螺旋的什么位置。

____

____

____

____

____

你认为自己的感觉会发生怎样的变化？

____

____

____

你最经常感到的是哪一种感受？

____

____

____

____

____

活动25

人们表达悲伤的方式各不相同

小贴士

悲痛中的人有很多不同的情绪。他们可能愤怒，也可能哀伤。失去了亲友的人们可能会感到自责或者寂寞。他们也会有很多不同的方式来表达这些感受。有的人通过行动表达，有的用语言，还有的反映在心情上。

当安东尼的爸爸去世时，她的姐姐不想谈到这件事，只待在自己的房间里。安东尼的爷爷气得把饭桌拍得咚咚作响还砸了一个盘子。安东尼的妈妈哭了又哭，这些都吓到了安东尼。

葬礼结束后，很多人来家里拜访。到处都是食物和噪音。有些客人说个没完没了，甚至还有的人在大笑。其他的人哭着拥抱安东尼。尽管安东尼很悲伤，可同时他还是想要和表兄一起玩。

安东尼从来也没有见过人们用这么多不同的方式表达他们表现出的那许多感情。

一起动手做

画出一个人悲伤或者一群人悲伤的图。

活动25

一起来回答

你都画了什么？

你知道有谁用这种方式表达悲伤吗？

你还看过人们用其他的方式表达悲伤吗？

希望事情可能会不同

小贴士

人们总是会希望事情没有变成这样，即使他们知道他们的愿望不会成真。

凯瑞想象有一个精灵会实现自己的愿望。她许愿希望自己有一百万美元。她还许过一年只有一个季节就是夏天的愿望。她希望世界和平。而在姑姑死后，她希望姑姑没有去世。

凯瑞给爸爸讲了她想象中的精灵。爸爸告诉她说自己也有很多心愿。他知道其中有些可以实现，有些永远不会。凯瑞和爸爸一直认为许愿很好——即使在清楚自己的愿望不会实现的情况下。

活动26

一起动手做

在下面的空白里，把一个你知道可以实现的愿望画出来。

一起来回答

你有没有曾经许愿希望死去的亲人还活着？

____

你知道自己的哪一个愿望是注定不能成真的？

____

____

____

____

____

____

当你想起那个愿望时，心里是什么样的感觉？

____

____

____

____

____

活动27

回忆逝者的时刻

小贴士

你有可能在不同的时间想起已逝的亲友。可能是当你听到一首你们曾经都很喜欢的歌曲时，可能是当你吃到一种你们曾经共同喜爱的食物时，又或者是当你闻到一股熟悉的味道时。这些思念会突然跳进你的脑海中。你也可以挑一个特别的时间和地点来怀念自己的亲友。

戴安娜过去一直是一个爱上学的好学生。但当她的小弟弟乔治出车祸去世后，她就害怕去上学了。在乔治死之前，戴安娜每天都会去找他一起上下学并且在午餐时和他聊天。现在她只能一个人去上学，而且她很怀念照顾弟弟的感觉。有时正上着课的时候，她会被突然的悲伤侵袭以至于无法集中精力听讲。在老师的安排下，她被允许每次有这种感觉的时候，都可以去医务室待着。有时她会和护士谈心，有时她只是静静地坐着。这个安排让戴安娜觉得她还有个特别的地方可去。在那里，她可以回忆乔治在的时候的情景，痛哭出声，发泄自己的感觉。然后她再回到教室，继续和同学们在一起，专注于她的学业。

一起动手做

持续记录一周内当你想起已逝的亲人时你在做的事情。

日期	我在做什么
______	______
	______
	______
	______
______	______
	______
	______
	______
______	______
	______
	______

活动27

日期	我在做什么

一起来回答

看到自己记录的内容，你会觉得惊讶吗？

哪些事物让你回想起已逝的亲友？

活动28

假装自己是个超级英雄

小贴士

很多人梦想自己能有超人的力量可以阻止可怕的事情发生。这些力量可以消灭疾病并且从事故中拯救人们的生命。当假装认为可以用超级力量改变世界时，我们会觉得很好玩，即便我们知道世界实际上不会真的改变。

贾马尔喜欢玩动画人物玩具。每当他去医院看望母亲的时候，他就会假装自己正在蝙蝠侠和罗宾护士的帮助下与邪恶的一方大战。他们会在房间里飞翔，给病人充满魔力的药，让他们恢复健康。他们的死敌是邪疯癌，即邪恶疯狂的癌症的简称。邪疯癌会飞进医院的房间里抓住病人，左右摇晃他们直到他们呕吐。有蝙蝠侠在身边协助，贾马尔会用一根魔法指挥棒把邪疯癌逼进角落，角落里罗宾护士拿着一个结实的盒子等着他。他们一起把邪疯癌变小最终塞进盒子里。最终胜利后，大家会一起绕着盒子跳疯狂的胜利之舞，边跳边唱："我们抓住你了，邪疯癌。你太弱了、太弱了、太弱了。我们抓住你了，邪疯癌。你太弱了、太弱了、太弱了。"

贾马尔觉得自己充满了力量。他喜欢假扮超级英雄来驱除缠绕母亲的病魔。他觉得自己拯救了世界!

一起动手做

创造一个可以拯救人类的超级英雄。

活动28

一起来回答

你会如何命名你的超级英雄?

____

____

你的超级英雄将会如何挽救生命?

____

____

____

____

____

你想要问你的超级英雄哪些问题?

____

____

____

____

____

玩耍也没有问题

小贴士

当成年人对你已逝亲友哀思的时候，他们可能会希望你能谈一谈死去的人。可能这时你更想要去玩，这也没有关系。你可以直接说你现在有其他想做的事情，然后约定下次再一起聊。

萨宾娜一家刚吃完晚饭。母亲建议大家明天一起去公墓。爷爷上个月被葬在了那里，从那时起，萨宾娜已经去过那儿好多次了。她不想再去了。明天她和朋友约好了要一起去游泳，而且她很想去。萨宾娜觉得烦恼生气又怅惘。她爱爷爷，但是并不想去墓地。她该怎么和母亲说呢？

第二天，当母亲正在做去墓地的准备时，萨宾娜和姐姐克劳迪娅说起了自己的感觉。她说自己更想要去游泳而不是跟母亲一起去墓地，她感觉很烦恼也不舒服。克劳迪娅帮萨宾娜把她的情绪说给了母亲听。母亲理解了她的烦恼，说道："想要出去玩和过跟爷爷去世前一样的生活是没错的，我们都需要寻找自

己怀念爷爷的时间和场所。有时我们情愿和别人一起，有时我们更愿意独自想念。”她拥抱了萨宾娜，说：“我自己去公墓看望爷爷没有问题。今天是个适合游泳的好天气，祝你玩得愉快。”

一起动手做

续写下面的故事。

一天，杰西跑去父母的卧室想问一个问题。她发现爸爸和妈妈都在哭。妈妈说道：“今天太难过了，我们真的很想希拉。”杰西今天玩了一天电子游戏，不知道该说些什么好。

一起来回答

你喜欢自己写的故事吗？____________________

你想做出什么改变吗？

____

____

____

____

____

你身上发生过像杰西这样的事吗？如果有的话，你是怎么做的？

____

____

____

____

____

____

____

____

活动30

倾诉你的忧虑

小贴士

当人们有烦恼的时候，每个烦恼中都包含着各种各样的情绪。有的忧虑可以消除，而有些烦恼却无法根治。倾诉你的忧虑并且提出相关问题对于消除烦恼是很重要的。

当你愁的不能玩乐、无法睡觉或者没法写作业时，就该有所行动了。可以让你摆脱忧虑的方式有很多种，比如向其他人倾诉你的烦恼，提一些有关的问题，或者把忧虑写下来然后扔掉也可以。重要的是你要记得人们经常会担心根本不会发生的事，而保持忧虑的心情对你也没有什么帮助。

危地马拉（Guatemalan）
烦恼娃娃

一起动手做

烦恼娃娃是危地马拉人发明的用毛线或者线绳制作的娃娃。每天晚上孩子睡觉前，他们会把自己的烦恼告诉娃娃。在传说中，娃娃会在夜里把孩子们的忧虑带走。装饰下面的烦恼娃娃，在每个娃娃下面的横线上，写出一件你正在担忧的事情。

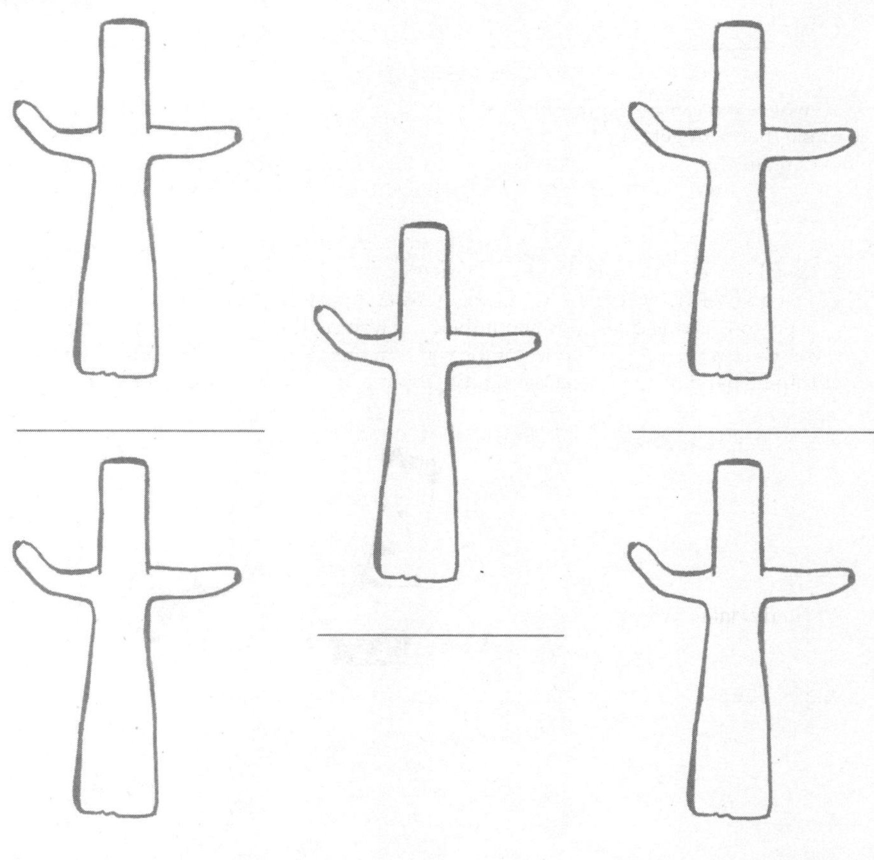

活动30

一起来回答

描述任意一种在你的亲友去世后你才开始烦恼的事。

写出一个你可以放心倾诉烦恼的大人的名字。

为了摆脱自己的烦恼，你能做些什么？

当你感到愤怒时

小贴士

如果你失去了一位亲友，也许你会觉得愤怒。可能有时你觉得自己气得要爆炸了，然而总有些方法可以帮你控制怒火，改善心情。

马克一脸愤怒的样子，因为姐姐坐得离他太近了。他甚至对着她大吼大叫，他喊道："我讨厌你！"就跺着脚走出了房间。几分钟后，他的妈妈站在门口，温柔地问他能不能让姐姐进他的房间。等马克同意之后，妈妈坐了下来和他一起聊起天来。马克说："我今天特别生气。"妈妈问他在生什么气，但是马克不知道怎么回答。妈妈又解释道，很多情绪是难以说清的。她说，就算马克不知道他为什么在生气，把这种感觉告诉别人也会让自己感觉好一些。马克仅仅说："我就是觉得很生气，而且不知道到底是为什么生气！"马克可以选择紧紧抱住一只枕头或者深呼吸直到他感觉好些。他也可以想一想生气时自己身体会有哪些反应。他觉得热吗，身体发紧吗？他的胃或者头疼吗？

他们一起坐了会儿，马克的妈妈问他："想要一起骑车出去兜个风吗？"他耸耸肩，但还是跟着她走到车库取出了自行车。痛快的兜风后，妈妈问他："现在觉得怎么样？"马克笑着说："好多了。"

活动31

一起动手做

在下面画一座喷发中的火山。在岩浆上写下从那座火山中喷发出来的情绪。

一起来回答

记叙一个你觉得自己好像要爆发的时刻。

____

____

____

____

你是怎样应对那种感觉的?

____

____

____

____

你觉得什么样的方式可以帮你控制愤怒的情绪呢?

____

____

____

____

活动32

有些事情改变了，有些没有

小贴士

当你喜欢的某人去世时，你生活中的有些事情会改变，有些还会保持原样。想想哪些事情没有改变会让你感觉好受些。

波尼总是很佩服自己的姐姐莫甘。莫甘比她大三岁，她在波尼的生活中占据重要的地位。他们的父母讲到过，以前波尼还是小宝宝时，总是像个小跟屁虫一样跟着她的姐姐。他们说，不管莫甘玩什么，波尼也要玩。她们的小妹妹，哈蕾，也很喜欢莫甘姐姐。莫甘对她的妹妹们都特别耐心，和两个都能玩到一块儿去。波尼对哈蕾就没那么有耐心，因为小哈蕾总是闯到她的玩具堆中把东西弄得一团糟。莫甘从来不在意她的妹妹们怎么玩她的玩具，因为莫甘比波尼更乐于分享。

莫甘去世后，所有的事好像都变了。现在哈蕾总想和波尼一起玩，但是波尼却不知道该怎么做。她早已习惯做不大不小的那个妹妹，永远跟随大姐的脚步。莫甘总是知道玩什么好，波尼想要她回来。妈妈还是那个妈妈，爸爸还是那个爸爸，哈蕾也还是她的小妹妹。但是莫甘不在了，她觉得自己好像在一个不同的家里一样。

一起动手做

在下面的表格里，把失去亲友之后你生活中改变和没有改变的事情都列出来。

改变了的事情	没有改变的事情

活动32

一起来回答

对于那些改变了的事情，你怎么看？

对于没有改变的事情，你又有什么感受？

你永远都是你

小贴士

虽然你可能会觉得在亲友去世后你就不再是自己了，但是要记得，尽管你身上可能发生了一些变化，你还是过去那个你。

麦克的哥哥肖恩去世后，麦克生活中的一切好像都变了。麦克习惯从肖恩那里寻求建议和帮助，是肖恩教会他所有和车有关的事，是肖恩教会了他下国际象棋。现在肖恩不在了，麦克觉得自己独自一人，无依无靠。

学校里的每个人都知道肖恩去世的事情。当他们问麦克和他们家里有关的问题时，麦克既烦躁又疑惑，不知道该说些什么。他的父母总是在伤心，全家人也不怎么在一起相处了。他觉得所有事情都变了，甚至都不清楚自己还是不是原来那个自己了。

麦克找到了学校的心理辅导老师格里菲斯小姐。当他们谈到家里的变化时，麦克哭了。他哭着说害怕自己再也变不回原来那个自己了。格里菲斯小姐说："我能看到你没有改变的地方，你还是原来那个善良敏感的孩子，你的数学和科学学得还是很好，你的朋友们也还是原来那些。"听到有些事情还跟以前一样，麦克轻松地笑了。

活动33

一起动手做

在左边的方框里，画出亲友去世前你的模样。在右边的方框里，画出亲友去世后你的样子。

一起来回答

每幅图中的你都在干什么？

______

______

______

______

如果要给两幅画各起一个名字的话，你会怎么起？

______

______

______

______

写出你身上没有改变的五个地方。

1．______

2．______

3．______

4．______

5．______

活动34

带些东西去你怀念逝者的地方

小贴士

你可能会有一个用来怀念亲人的特别场所。可能是墓地或者你们俩曾经共同打发过时间的地方又或者是一个可以帮助你回忆的地方。当你去那儿的时候，你可以随身带一些东西，比如一束花或者一封你写的信。

母亲节就要到了，马茜和马特却觉得很难过。这是他们的母亲去世后的第一个母亲节。他们过去每一次都会为要挑选什么送给母亲而感到快乐，但是今年却不晓得该做些什么好。

在他们的记忆中，母亲喜欢观察小鸟。有一年，马茜和马特送了她一本可以用来记录她看到过的不同的鸟儿的书。还有一年，他们一人用旧杂志中的小鸟做了一幅拼贴画。今年他们一起讨论后，决定做一个喂鸟器放在母亲的坟墓那儿。他们在一个松果上裹了一层花生酱，然后把它放在鸟食上滚了滚。

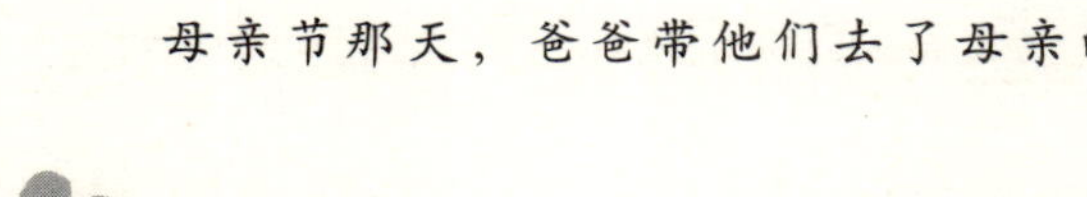

母亲节那天，爸爸带他们去了母亲的墓

地，他们小心地摆上了那个喂鸟器。第二次他们去的时候，所有鸟食都被吃光了。想象着母亲和小鸟快乐地在一起让他们感觉好多了。

一起动手做

列出当你去你怀念已逝亲人的地方时你能想到的可以带去的东西，在你觉得自己可能会带去的项目旁边打个勾。

活动34

一起来回答

你会亲手制做自己列出的那些东西吗？

你以前有带过什么东西去吗？如果有，那是什么呢？

有其他人留下过什么东西吗？你是怎么看待他们留下的东西的？

你希望自己曾经说过的话

小贴士

当你失去某个亲友后，你可能会想起所有你希望自己当初不是那么说的话或者不是那么做的事。如果一个人是突然去世的，你可能没有时间去告别或者对某件事道歉。即使你有时间，可能你也会觉得说出那些话很难。重要的是要记住他们知道你爱他/她。

杰米哭着对妈妈说："我还没有和爸爸说再见呢。"她难过极了，因为自己再也不能告诉他，他帮自己复习过的数学考试得了优。她还要谢谢他给她买的自己最爱的华夫饼。她还很后悔那天和爸爸吵架了，因为他让她把新买的CD声音关小点。最重要的是，她想要说一声："我爱你，你是最棒的老爸。"

妈妈说："你可以在自己的祷告中告诉爸爸这些事情，你也可以在给爸爸扫墓时告诉他，或者你还可以给他写一封信。"杰米喜欢写信这个主意，她可以想象爸爸在她身边读这封信的样子，就好像每次他帮她看数学作业那样。妈妈给了杰米一张写信用的信纸，当杰米写完信后，她觉得好多了。杰米把信和她保存的爸爸的遗物一起放在了一个特别的盒子里。

活动35

一起动手做

仔细想一想你都有哪些话想要跟你已经离开的亲友说。把下面的信纸复印出来，然后写上你想说的话。如果你喜欢的话，还可以装饰一下信纸。写好后，把信折叠封好。

一起来回答

写这封信时你有什么感觉？

这封信你想让别人看吗？

你想要把这封信放在哪里？

活动36

珍惜和已逝亲友的记忆

小贴士

创造一个特别的地点是尊敬逝者的一种方式。纪念馆、陵园、有墓碑的地方还有挂着相应牌匾的地方都是我们怀念他们的地方。

拜伦的班级要去华盛顿特区进行班级旅游。所有的纪念碑、雕塑还有建筑都给拜伦留下了深刻的印象，特别是越战英雄纪念碑，一座高耸的、宽大的黑色墙壁，上面刻着越战中死去士兵的名字。人们通过摆放花束、蜡烛还有其他的东西来向死去的亲友致敬。拜伦看见人们在纪念碑上寻找亲友的名字。有些人在哭泣，有些在祈祷，还有人在讲述他们的故事。

拜伦告诉老师说，他也希望可以给爸爸建一座纪念碑。他的父亲于去年死于癌症。拜伦清楚地记得父亲经受过的所有治疗还有他住院的次数。拜伦为父亲感到骄傲，他的爸爸从来没有放弃过，一直坚持治疗。他把爸爸看作一个和疾病奋战最终没有生还的士兵，就好像越战英雄纪念碑上的士兵一样。老师建议拜伦回学校后为父亲设计一座纪念碑。对于这个建议，拜伦感到十分兴奋。在回家的路上，他就开始计划自己的设计了。

一起动手做

在下面为自己的逝去的亲友设计一座纪念碑。

活动36

一起来回答

你喜欢自己设计的纪念碑的哪些部分？

有没有你不喜欢的地方？

如果人们可以参观这座纪念碑的话，你认为这座纪念碑会给他们什么感受？

回忆很重要

小贴士

在脑海中你可以回想死去亲友的模样。照片、他的遗物，还有其他的信物都可以帮助你回想起他们。

朱莉的母亲在十个月前去世了，朱莉很想念她。一天在朱莉上床睡觉前，她告诉了爸爸自己有多难过，她害怕自己会忘记母亲。

第二天晚饭后，爸爸建议他们两个共同动手一起来进行一个“工程”。他说：“我今天买了本剪贴簿，我想是把我们所有照片收集起来做一本纪念册的时候了。”当天晚上，他们翻遍了所有的相册并且挑出了所有打算做成纪念册的照片。有张照片是朱莉的妈妈抱着刚出生的朱莉，还有一张是妈妈在朱莉幼儿园毕业时抱着朱莉的照片。有几张两人一起游泳的照片还有几张感恩节全家在一起的照片。朱莉和爸爸花了一整晚的时间看照片，分享两人的回忆。第二天晚上他们开始设计整本剪贴簿，用不同的纸、记号

笔还有贴纸来装饰每一页。

在接下来的早上，朱莉告诉爸爸说她知道自己永远也不会忘记妈妈了。爸爸亲了亲她说：“朱莉，任何时候，只要你想，我们就能一起看这些能帮助我们回忆妈妈的东西。”

一起动手做

装饰下面的相框。然后在相框里放一张表现你最爱的和已逝亲友的照片或图画。

活动37

一起来回答

事情发生时你多大了？________________

你在哪儿？有什么人和你在一起吗？

____

____

____

你想要回到那时吗？

____

____

____

这一段记忆给你什么感觉？

____

____

____

____

____

和别人分享你的回忆

小贴士

和一群人分享关于已逝亲友的回忆是有益的。有些人可能认识你的亲友，而有些人可能会想要倾听你的故事或者会给你讲述一下他们自己的经历。

梅丽莎的妈妈希望梅丽莎加入一个新的丧亲互助小组。梅丽莎拒绝道："我不想和任何人聊天。"最终，母亲说服她去参加一次做下尝试。小组每周聚会一次，在第一次参加聚会前，梅丽莎就做好了排斥它的准备。

在聚会开始时，所有人都自报了姓名、年龄并讲了些关于去世的亲人的事情。在那天下午之前，梅丽莎从没有对任何一群人提起过姐姐的死。虽然开口很难，但是梅丽莎自己很高兴她终于说了出来。小组里没有人感到惊讶。小组里其他的孩子都和她差不多大，而且每个人都失去过一个亲人。

小组里每人都做了一幅拼贴画来介绍自己。梅丽莎很惊讶自己感觉到了快乐。这里有很多供人选择图片的杂志，小组成员共享所有的美工材料。等到大家完成拼贴画后，小组长请每个人都来说一说自己的成果。梅丽莎从中对大家加深了了解，感觉自己好像已经认识了他们很久一样。每个人都迫不及待地倾诉了关于死去亲友的故事，甚至梅丽莎也加入了他们，大家想要说的话那么多，以至于小组长不得不提醒大家注意倾听并轮流讲述。

梅丽莎也更加了解了自己。她发现自己不是唯一一个家里有亲人去世的孩子，而其他的孩子们也和自己有过一样的感受。她意识到自己用不着掩饰姐姐已经去世的事实。互助小组里的孩子们并不会因为听到她的故事而害怕，他们甚至听得津津有味。当天妈妈来接她回家时，问道："好吧，你觉得怎么样？"梅丽莎简单地说："还好。"以后的每一周，梅丽莎都参加了小组的聚会，但是直到几个月后，梅丽莎才向妈妈坦白能成为小组的一员自己有多高兴。

一起动手做

在下图中的小被子上填满你愿意让别人知道的关于已逝亲友的事情并与人分享。你可以用照片、杂志里的图片或者其他任何你选定的材料。你可以自己完成，也可以和家人或者朋友一起做。

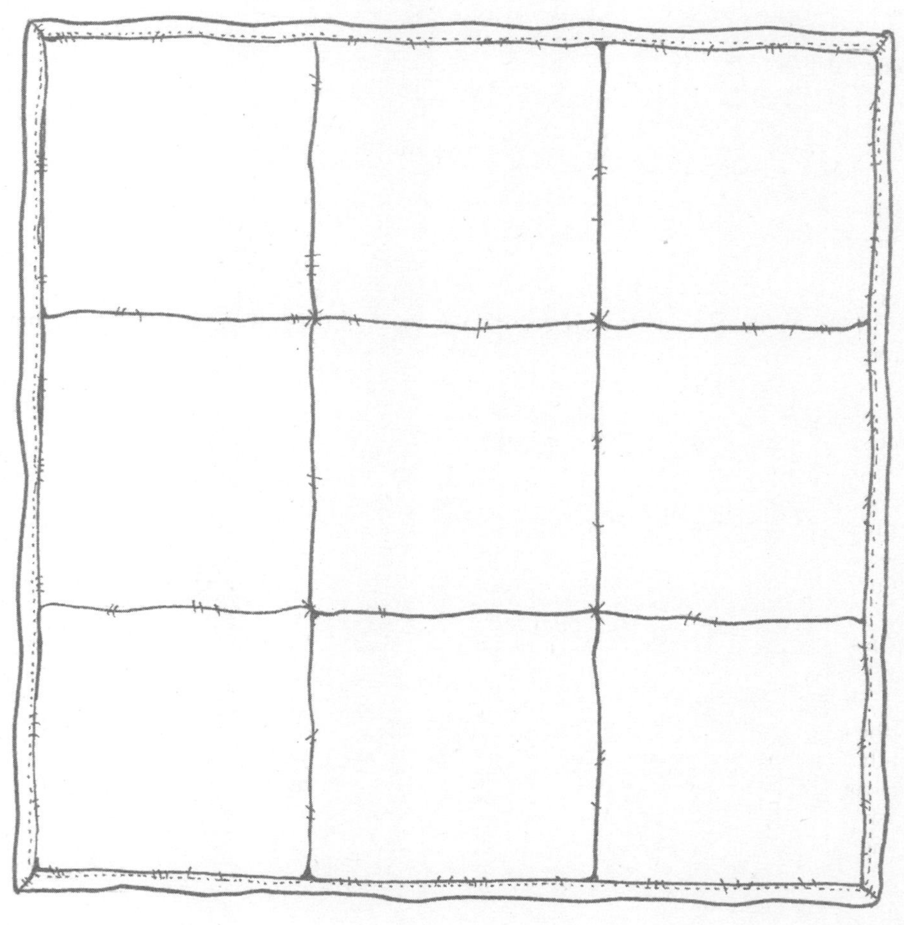

活动39

一起来回答

有人和你一起制作那个小被子吗？如果没有的话，有没有什么人你想要请他和你一起做的？

____

在被子上的格子里，有什么内容被遗忘了吗？

____

____

____

____

____

你想要把这张小被子送给什么人或者挂在哪儿吗？

____

____

____

____

____

人生有起有伏

小贴士

生活可能会像一架云霄飞车，有起有伏，有好日子，有不好过的日子，还有不好不坏的时候。在不好过的日子里，想起这个比喻可以让你记得也许第二天一切就会好转。

周六上午，凯尔参加了足球训练。他努力练习技巧，教练也表扬了他的进步。凯尔觉得又自信又自豪。当他回到家里时，妈妈告诉他了一个噩耗——就在凯尔训练的时候，他的狗被车撞了。凯尔的心情立刻深深地、深深地沉了下去。

特丽莎的哥哥因病住院了。一天在学校里，她感到特别伤心，特别担忧。音乐课是她最爱的课程之一，即使如此，那天她却觉得自己根本不想唱歌。因为不想被老师发现后挨批，她还是唱了起来。没过多久，特丽莎的歌声中就充满了力量，她再也想不起来自己的担忧，心情轻快地、轻快地飞扬了起来。

活动39

一起动手做

在每一辆高处的云霄飞车上，写下一件让你心情愉快的事情。在底部的云霄飞车里，则记下让你心情难过的事情。在下面的横线上，写出你可以如何让坏心情变成好心情。

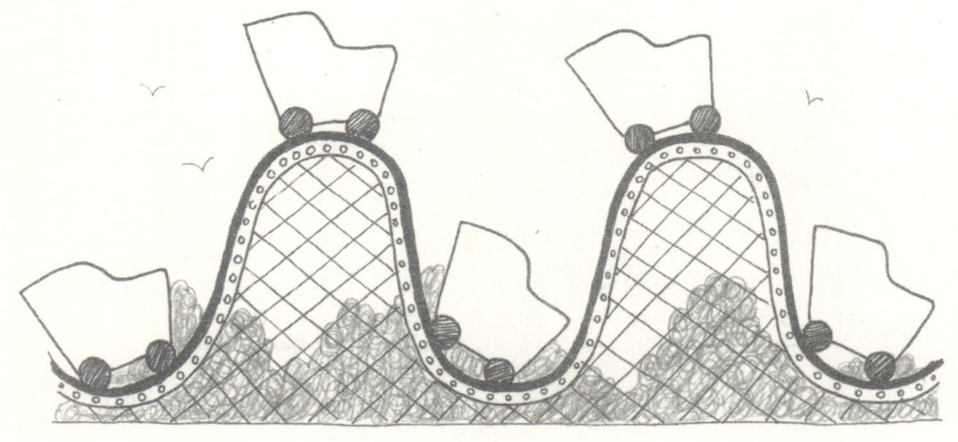

一起来回答

记录一段你情绪迅速改变的时间。

当你心情不好时，一般什么东西可以安慰你？

活动40

照顾好自己

小贴士

你大概知道很多照顾自己身体的方式。吃健康食品、刷牙，还有保证充足的睡眠都是满足身体健康需求的方式。照顾好自己的心情也很重要。当你有不舒服的感觉时，有些事情可以让你的心情恢复。

汉娜喜欢做运动。每当她游完泳、跳过舞或者仅仅是散过步后，之后的一天她都会感觉更好。她觉得自己充满自信、活力还有快乐。汉娜知道运动是保持身体健康的重要方式。

有时，汉娜觉得伤心、愤怒或者恐惧。那些时候，她什么也不想做，即使是最爱的运动。妈妈说汉娜可以照料自己的情绪，就好像照顾自己的身体一样。她们一起列了以下可以改善汉娜心情的事情：

- 写日记
- 画画儿
- 向别人倾诉自己的感受
- 听音乐
- 和人亲热地拥抱

- 骑自行车
- 看最喜欢的电影

下回汉娜难过时，她想起了自己和妈妈一起做的列表。汉娜拿出自己的蜡笔还有一大张白纸，然后把困扰自己的事情画了出来。就在绘画的时候，她觉得悲伤悄悄地溜走了。

活动40

一起动手做

写出可以让自己心情变好的事情。在下一页，画出自己正在做列表中某一项事情的样子。

可以让我心情变好的事

________________________	________________________
________________________	________________________
________________________	________________________
________________________	________________________
________________________	________________________
________________________	________________________
________________________	________________________
________________________	________________________
________________________	________________________
________________________	________________________

活动40

一起来回答

你经常做哪一项活动？

______

______

______

______

______

______

你最喜欢做哪一项活动？

______

______

______

在你难过时做哪一项活动可以安慰你？

______

______

______